Souriez, vous êtes parents d'adolescents !

VIRGINIE DUMONT

Souriez, vous êtes parents d'adolescents !

Illustrations de Carlotta

Fleuve Noir

ISBN 978-2-265-09483-3

À Antonio

À quoi reconnaît-on un Parent d'Adolescent ?

Le Parent d'Adolescent est de sexe féminin ou masculin et peut appartenir à n'importe quel signe du zodiaque.

Apparu dans sa version actuelle à la fin du siècle dernier, il se développe à grande vitesse dans une majorité de continents (ceux où l'adolescence existe).

Physiquement, il ressemble à un adulte d'environ 45 ans, sauf s'il se confond avec son adolescent, ou s'il s'agit d'une contrefaçon : le Parent d'Adolescent, dit le P.A., étant une espèce très recherchée, il peut en effet arriver de rencontrer à la sortie de l'école primaire de simples parents déguisés en P.A.

Il ou elle emploie très souvent le mot « crise », et ce, quel que soit le contexte de société.

Tour à tour aimable, en colère, confiant, indifférent, inquiet, susceptible, décontracté, irascible, le Parent d'Adolescent, émotionnellement instable, est difficile à cerner pour ceux qui l'entourent : il peut, par exemple, vouloir faire disparaître le portable dernier cri avec connexion Internet et chaînes de télévision intégrées qu'il vient d'offrir à son adolescent uniquement parce que ce dernier l'utilise.

En contradiction permanente, le P.A. a souvent du mal à réaliser que Trésor[1] a grandi, tout en lui demandant de se comporter en adulte.

Ou alors il autorise Trésor, tellement précoce, à avoir des activités réservées aux « plus grands » et lui reprochera ensuite d'avoir pris des risques qui ne sont pas de son âge.

On dit alors qu'il n'est pas cohérent.

C'est parce qu'il est **désorienté** : à présent qu'il devient Parent d'Adolescent, il a perdu ses repères et se demande ce qu'il va devenir, sa carrière éducative menaçant de toucher à sa fin.

Comme il a besoin d'être rassuré, il achète de nombreux livres, regarde des émissions, écoute des chroniques, discute avec ses amis.

Cela lui prend beaucoup de temps et d'énergie, au point qu'il peut lui arriver de ne plus voir son adolescent, ou

---

1. Cf. *Comment rater l'éducation de ses enfants*, du même auteur, Fleuve Noir, 2011.

de le regarder de travers : de nombreux parents d'adolescents présentent des troubles de la vision. D'autres présentent des troubles du langage, de l'audition, de la communication, de la mémoire, ou encore du sommeil ou de l'alimentation, les difficultés du Parent d'Adolescent pouvant prendre de multiples formes, au fur et à mesure des années qui passent.

La plupart du temps, les troubles sont transitoires et disparaissent sans traitement, quand « l'épreuve » se termine.

Dans le cas contraire, le Parent d'Adolescent ne doit pas hésiter à se faire aider par un spécialiste : celui-ci, communément appelé « psy », peut être d'un grand secours pour le P.A. en souffrance.

Certains P.A. ne rencontrent aucune difficulté notable : il n'y a pas là de quoi s'alarmer.

1

Avis de recherche

À l'occasion de la crise du milieu de la vie, la recherche est une activité relationnelle particulièrement florissante.

Il ne faut donc pas s'étonner de croiser un parent cherchant son enfant derrière son adolescent… qui lui-même se cherche tout en cherchant d'autres adultes que ses parents qu'il cherche en même temps… pour affirmer une identité en tout point conforme au groupe de copains et copines dont il a besoin pour devenir adulte à son tour !

C'est dire si cela peut tourner la tête de chacun, selon un rythme et une vitesse tout à fait variables, pouvant aller de la simple ronde à l'impossible chassé-croisé. Chacun sa route.

La grande majorité des uns et des autres finissent par se trouver et se retrouver. Il arrive même que de jeunes adultes, répondant au prénom générique de « Tanguy », estiment leur ancien P.A. tout à fait agréable, au point de cohabiter au domicile familial au-delà de la limite habituellement envisageable.

Une minorité s'égare.
C'est souvent à cause des fantômes.
Les fantômes, endormis quand tout est apparemment lisse, adorent jouer dans les plis et les replis de l'adolescence.

À la recherche de l'enfant perdu

Bon nombre de parents ont du mal à reconnaître la délicieuse petite fille dont ils gardent le souvenir dans la jeune fille de 14 ans qui traverse la cuisine sur ses talons compensés. Le jeune garçon savamment négligé n'évoque plus le petit garçon un peu taciturne et passionné de maquettes promis à une carrière d'ingénieur…

Cet être étrange, métamorphosé, semble obstinément vouloir abolir l'image de l'enfant qu'il était et dont son P.A. avait l'habitude.

C'est pourquoi nombreux sont les Parents d'Adolescents qui ont le sentiment d'être **abandonnés** par celui ou celle qui n'est plus un enfant.

Ne représentant plus la référence absolue, le P.A. peut aller jusqu'à éprouver un sentiment d'échec : ce que devient cet adolescent, si différent de ce qu'il avait imaginé, ne serait-il pas la preuve de son impuissance à maîtriser le destin de Trésor ?

Le P.A., fragilisé, peut alors développer un véritable trouble de la confiance en soi. Inquiet, sans repères, surtout s'il s'agit de son premier adolescent, il aura tendance à le voir « à moitié vide », cultivant à l'envi un ressenti coupable : son attitude désinvolte, son insouciance face aux exigences de la vie, son peu de souci de sa scolarité, son absence de discernement, son désir permanent de s'amuser, ne seraient-ils pas les signes d'un manque des qualités les plus élémentaires, comme l'autonomie, le sens des responsabilités, le goût de l'effort ?

Le P.A. ordinaire trouve toujours que son adolescent manque de quelque chose.

L'adolescent ordinaire trouve toujours que son parent se plaint en permanence, alors qu'il fait ce qu'il peut pour s'en séparer progressivement, avec délicatesse, en lui évitant de grands coups d'accélérateur trop déstabilisants : personne n'imaginerait s'endormir un soir en embrassant un enfant et se réveiller le lendemain avec un jeune adulte dans la cuisine.

SOURIEZ : cela ne va durer que quelques années !

Le P.A. qui se porte peu d'estime va devenir très réactif au regard d'autrui. Cherchant à éviter ce qu'il pourrait ressentir comme un jugement négatif à son endroit, s'il reconnaissait qu'il est en difficulté, il utilise avec son entourage des formules toutes faites :

« C'est de son âge, il faut couper le cordon. »

« Il faut bien que jeunesse se passe. »

Mais il n'en croit pas un mot.

Alors il lance un avis de recherche anonyme de son enfant perdu. Maquillé en **troubles** liés à l'âge – le sien – pour que les autres, les voisins, les amis, ne s'aperçoivent pas qu'il a été abandonné.

Les troubles les plus fréquents du P.A.

••• Le trouble de la vision

C'est le symptôme le plus courant, à ne pas confondre avec la cataracte : le trouble de la vision du P.A. est sélectif et n'apparaît qu'en présence de son adolescent, le plus souvent lorsque celui-ci a entre 12 et 15 ans, période la plus critique. Il peut disparaître de façon définitive et spontanée quelques années plus tard.

Ce n'est pas le cas de la cataracte, qui nécessite une opération.

Il peut être total – auquel cas **le P.A. ne voit plus du tout son adolescent.**

Il n'est d'ailleurs pas rare d'entendre un P.A. déclarer, à propos de difficultés qu'il n'aurait pas identifiées, qu'il « n'a rien vu ».

Sa sincérité n'est pas à mettre en doute.

Ce n'est pas faute parfois pour l'adolescent de se donner du mal pour être visible : difficultés de réveil et de concentration, absentéisme, perte de poids, tristesse, agressivité, yeux rouges, mutisme, fringales…

Le trouble de la vision peut aussi être partiel, produisant l'effet inverse du trouble total : on dit alors que le regard du P.A. est déformé. Ce sont souvent les adolescents eux-mêmes qui le repèrent, réalisant que leur parent **ne le ou la voit pas comme il ou elle est.**

Cette attitude vient parfois du fait que le P.A. est influencé par ce qu'il entend ou regarde dans les médias : il considère cet état de choses comme une vérité universelle, parce que « vu à la télé », alors que ce ne sont que des cas singuliers de familles en souffrance. Cela s'imprègne dans sa rétine. Inquiet, le P.A. guette alors les signes de la catastrophe annoncée, la **fameuse crise**, l'anticipant au besoin : une mauvaise note annoncerait un échec scolaire, une soirée arrosée serait le signe d'une addiction à l'alcool, un moment de tristesse l'amorce d'une dépression grave.

L'inquiétude excessive conforte le P.A. en quête de sa nouvelle identité.

Cela peut aussi venir du fait que le P.A. s'imaginait autre chose : par exemple, une artiste à la place d'une scientifique, un intellectuel à la place d'un manuel. Tous les parents ont une aspiration pour leur enfant, et heureusement, mais il n'est pas toujours aisé d'y renoncer pour laisser place à la réalité de l'adolescent qui cherche sa voie : celle-ci n'est pas nécessairement ce dont ils rêvaient pour eux.

Certains P.A. sont ainsi conduits à devoir faire deux fois le deuil de ce qu'ils auraient voulu réaliser dans la vie :

– une première fois parce qu'ils ne l'ont pas réalisé ;

– une seconde fois parce que leur enfant ne le réalisera pas à leur place.

Le P.A., préoccupé par ses échecs, ne comprend pas qu'il s'agit là de **sa plus belle réussite de Parent**…

Il peut aussi s'agir d'une difficulté d'appréciation des distances : c'est pourquoi on entend souvent dire que le P.A. a du mal à trouver la **bonne distance**, qui permet de maintenir la communication avec son adolescent sans être envahissant : ni trop près, ce serait de l'intrusion, ni trop loin, ce serait de l'indifférence.

Bien évidemment, une visite chez l'ophtalmologiste s'impose, pour un bilan complet, au terme duquel sera proposée une correction : c'est la raison pour laquelle de nombreux parents portent des lunettes à partir de la quarantaine, retrouvant alors une vision adaptée et un regard juste sur le monde qui les entoure.

••• Le trouble de l'audition

Le trouble de l'audition n'est pas rare non plus, allant de la surdité à l'hyperacuité auditive, en passant par les acouphènes.

Ainsi, le P.A. peut :

– ne pas répondre à une question parce qu'il ne l'a pas entendue ;

– interpréter une simple discussion comme un bourdonnement agressif ;

– ou au contraire avoir l'ouïe tellement fine qu'il entend malgré lui à travers les murs.

L'hyperacuité auditive est certainement le trouble le plus difficile à vivre pour le P.A. qui intercepte alors ce qui ne lui est pas destiné, en particulier les conversations téléphoniques de son adolescent, la **porte** étant **fermée** dans un souci de **protection**.

Certaines phrases sont particulièrement nocives pour le P.A., dont l'imagination est débordante :

« Je te dis que je l'ai fait. »

« Va mourir. »

« Faut que je fasse un test. »

« Ça me gave. »

Le P.A., ignorant le contexte de la conversation, pense à des choses horribles… comme « première relation sexuelle non protégée », « violence », « consommation de cannabis »… là où il ne s'agit peut-être que d'un échange amical autour d'une déclaration d'amour par SMS n'ayant obtenu aucune réaction positive immédiate.

– « Je te dis que je l'ai fait » en réponse à « Tu lui as en vrai dit que tu l'aimais ? », interprété comme : « J'ai franchi le cap. »

– « Va mourir » en réponse à « Tu as eu une réponse ? », interprété comme : « Le préservatif, c'est nul. »

– « Faut que je fasse un test » en réponse à « C'est sûr que ton SMS est arrivé ? », interprété comme : « Tu crois que j'ai pris des risques ? »

– « Ça me gave », en réponse à « C'est ouf d'attendre sa réponse ! », interprété comme : « Je vais me faire tuer si j'en parle aux parents. »

Sans parler du dilemme qui s'ensuit pour le P.A., coincé entre le fait d'avoir involontairement entendu ce qui ne lui était pas destiné et le fait d'en parler ou non à la personne concernée : si passer pour un « espion voleur d'intimité » ne favorise pas la **confiance**, imaginer le pire ne favorise pas le sommeil.

Mieux vaudrait donc que le P.A. veille à ne pas écouter aux portes, à son insu.

Si l'on admet aujourd'hui que l'audition baisse avec l'âge, comme la vue, l'appareillage reste cependant peu seyant.

Aussi le P.A. se rend-il moins aisément chez le spécialiste qui pourrait le soulager, et cela bien que l'on « entende » couramment, de la part des adolescents comme de leurs parents :

« Je lui parle, mais **il n'entend pas**… »

●● Les autres troubles

Le **manque de souplesse**, conférant une certaine rigidité au P.A. peut aussi être un symptôme d'avis de recherche de l'enfant perdu. Mais l'inverse de la raideur, l'**hyperlaxisme**, est tout aussi caractéristique.

D'un côté, il risque l'excès de contrôle et l'autoritarisme, de l'autre il risque l'absence de limites et la camaraderie.

Toutes choses parfaitement déconseillées pour sa nouvelle identité en construction.

C'est pourquoi il est vivement recommandé au P.A. de pratiquer régulièrement la nage, dont les multiples figures permettent une adaptation en douceur aux évolutions du climat relationnel.

Enfin, bon nombre de P.A. souffrent d'un trouble de la compréhension : ils ont du mal à comprendre qu'il est **normal qu'ils ne comprennent pas** leur adolescent…

Le P.A. concerné s'acharne à demander des explications, espérant que ce dernier lui donnera une réponse, comme quand il était enfant :

– Pourquoi tu ne travailles pas assez ?
– Pourquoi tu passes ton temps sur ton ordinateur ?
– Pourquoi tu t'habilles de cette façon ?
– Pourquoi tu parles si mal ?
– Pourquoi tu te couches si tard ?
– Pourquoi tu fais la tête ?
– Pourquoi tu restes enfermé dans ta chambre ?
– Pourquoi tu ne nous présentes pas tes amis ?
– Pourquoi tu fumes ?
– Pourquoi tu sors encore ?
– Pourquoi, pourquoi, pourquoi…

tu comprends ce que je te dis ?

À l'ensemble des « pourquoi », véritable casse-tête pourrissant les rares repas pris en commun, la réponse ne varie pas :

« Tu peux pas comprendre ! »

Les adolescents les plus aimables peuvent ajouter :

« Parce que nous ne sommes pas de la **même génération**. »

Le P.A. le sait – et pour cause. Mais il déteste l'entendre.

Il se vexe.

Il se souvient qu'il y a quelques années encore, c'était lui qui disait à Trésor : « Tu ne peux pas comprendre. »

Il s'en mord les doigts.

Il ressort les albums de photos, et se souvient du temps où il était un dieu pour Trésor.

Il est nostalgique.

Alors son adolescent s'inquiète, lui envoie des messages pour lui dire qu'il l'aime toujours.

Le P.A. a parfois besoin d'aide pour comprendre les messages : un trouble de la compréhension – pour peu qu'il soit associé aux précédents –, pouvant évoluer vers un problème de communication, il est vivement conseillé au P.A. de consulter un spécialiste.

Pourquoi?
pourquoi?
Pourquoi?
pourquoi?
Pourquoi?
tu peux pas comprendre

Il n'est pas rare qu'au détour de la consultation, le P.A. se souvienne qu'il avait beaucoup menti à ses parents, qui ne comprenaient rien, pour préserver des secrets, un monde à soi, grandir, ne pas les inquiéter... ce qui ne l'a pas empêché de devenir adulte, puis parent à son tour !

••• En l'absence de troubles

Certains P.A. sont troublés de ne pas rencontrer de difficultés. Cela n'a rien d'alarmant. C'est simplement parce qu'ils se sentent en sécurité.

À la recherche du parent perdu

Les adolescents, ignorant par quels troubles passent leurs parents, peuvent parfois s'interroger à leur propos.

Ils les trouvent étranges, voire inquiétants : confiants, joyeux, joueurs il y a encore peu de temps, les voilà à présent soucieux, préoccupés, peu disponibles, supportant mal la contrariété, fatigués, s'exprimant avec difficulté : ne sachant comment leur parler, ils hésitent à leur poser des questions, de peur de se faire « rembarrer ».

Les plus sensibles finissent par renoncer à communiquer avec eux, craignant de les fragiliser encore davantage.

C'est ainsi que certains adolescents sont amenés, eux aussi, à lancer de véritables avis de recherche, dans l'espoir si ce n'est de retrouver le parent perdu, du moins d'en adopter un autre, avec lequel il sera possible de nouer une relation plus sereine : le parent d'un ou d'une amie fait souvent bien l'affaire, mais cela peut être aussi un adulte rencontré à l'occasion d'une activité, un membre de la famille plus ou moins éloigné, un médecin ou un psychothérapeute vers lequel il aura tenté de diriger son parent en difficulté.

•• Le Faisant Fonction de Parent d'Adolescent

Adulte, lui aussi de sexe masculin ou féminin, le **FFPA** est le plus souvent un parent ordinaire pour ses enfants, ou ses enfants devenus adolescents, quand il en a – vu de l'extérieur tout au moins.

Il ne possède pas de vertus particulières, hormis celles :

souriez souriez souriez souriez

– de ne pas se crisper quand l'adolescent(e) qui l'a choisi ouvre la bouche ;

– de trouver intéressant ce qu'il ou elle raconte ;

– de détecter ses mensonges dans un grand éclat de rire, sans vouloir pour autant percer ses secrets ;

– de ne pas dresser chaque jour une liste des risques de la vie mais de pouvoir tranquillement les évoquer au hasard d'une conversation ;

– de savoir préparer d'énormes plats de pâtes avec beaucoup de gruyère ;

– de ne pas être complice tout en étant protecteur[1] ;

– de parler, de sourire, de se taire, de ne pas dramatiser, de ne pas se culpabiliser, d'être valorisant, juste et encourageant, d'avoir les bonnes adresses, d'être disponible quand il faut, d'avoir du goût et d'avoir en plus réussi sa vie, d'être joyeux, de faire confiance tout en restant vigilant, d'être un expert en bonne distance, de ne pas mourir sur place pour un mauvais bulletin ni s'étouffer en face d'une tenue extravagante ;

– d'avoir un ou une adolescente à la maison qui ne se rend pas compte de la chance qu'il ou elle a…

---

1. On peut ainsi rencontrer le FFPA au commissariat, venu récupérer l'adolescent(e) qui l'a choisi et qui a fait une « bêtise ». Il doit prévenir ensuite le P.A. en vrai, malgré les suppliques de ne pas le faire, s'interposer entre eux pour que cela ne tourne pas au drame, se faire traiter d'irresponsable par le P.A. en titre, le tout en ne s'énervant jamais. Ce qui ne l'empêche pas ensuite, une fois à l'abri des fureurs, de se demander pourquoi c'est tombé sur lui…

Autant dire que le FFPA ressemble au **Parent** d'Adolescent idéal... voire à un parent tout court. Avec un **adolescent**.

Entre le besoin d'être compris et la nécessité d'échapper, le besoin de sécurité et le besoin d'autonomie, l'adolescent(e) fonctionne de façon contradictoire. Aussi entretient-il avec ses parents des relations nécessitant une certaine souplesse de communication : être parent consiste alors essentiellement à structurer et protéger, tout en laissant à son adolescent(e) une marge de manœuvre pour partir explorer le monde, de plus en plus loin.

Les relations entre le P.A. officiel et le FFPA sont parfois difficiles : le premier considère l'autre comme un intrus, se mêlant de ce qui ne le regarde pas, et qui de surcroît occupe une place facile : ce n'est pas lui qui se fait du souci, ne dort plus la nuit, se fait engueuler quand les pâtes sont mal cuites, se demande s'il n'a pas tout raté, y compris sa vie amoureuse, est obligé de faire la police parce que l'ordinateur reste allumé toute la nuit... Le P.A. a une forte tendance à la dramatisation !

On a ainsi vu des amitiés de plus de vingt ans – du temps où le parent était adolescent – cesser du jour au lendemain.

On peut aussi voir s'interrompre une prise en charge, quand le FFPA est psychothérapeute, alors que tout semblait bien se passer pour l'adolescent(e), avec lequel s'était nouée une alliance thérapeutique.

En fait, le P.A. honnête n'aime pas du tout le FFPA. Il lui vole son enfant qui a grandi. Le P.A. a beau savoir que Trésor ne lui appartient pas, c'est difficile à admettre, le FFPA n'ayant vraiment et objectivement rien de plus que le P.A. !

Toutes choses vraies, par ailleurs.

Le P.A. a tort.

C'est le destin du P.A. d'avoir tort, durant quelques années.

Le FFPA est rarement malintentionné, mais présente juste l'immense avantage de ne pas être le parent de l'adolescent qui l'a choisi : cela facilite la **communication**.

Le FFPA, par exemple, se fout éperdument que ce dernier ressemble au cousin éloigné qui a foutu en l'air l'harmonie familiale il y a trente ans : ce n'est pas son histoire, ce ne sera jamais son histoire. Les fantômes du FFPA sont inopérants avec l'adolescent qui l'a choisi et ne produisent pas de cauchemar (cf. p. 39 à 42).

Il se fiche de ne pas le ou la voir développer une attirance sans faille pour la formation ou le métier dont rêve son P.A. : il se contente de la petite lumière qui s'allume dans les yeux de l'adolescent ou de l'adolescente, sur un mot, une idée, un projet, une envie, une expérience.

Cela ne lui fait pas peur, au contraire, cela le fait sourire, et la vie sourit alors à l'adolescent qui l'a choisi.

L'adolescent(e) quittera son FFPA, l'oubliera apparemment, y pensera souvent, comme à quelqu'un qui a compté, mais finalement pas tant que ça... encore que, en y pensant vraiment, sans lui, la vie se serait certainement déroulée autrement !

Le P.A. le remerciera plus tard, quand il sera plus disponible, et plus clairvoyant – grâce à ses nouvelles lunettes.

Le FFPA malfaisant existe cependant, sous des formes diverses mais dont la principale caractéristique est de ne pas se montrer, ce qui n'en permet pas une identification aisée. N'étant pas un facilitateur de relation ni de construction, il ne rend pas le sourire à l'adolescent : c'est l'un des facteurs permettant d'en déceler l'éventuelle existence.

•• Les obstacles

Dans la grande majorité des cas, les avis de recherche des uns et des autres ne donnent pas lieu à de graves difficultés : chacun se trouve, et tous se retrouvent après s'être un peu perdus. Cela peut prendre quelques années, être source de quelques nuits blanches, occasionner quelques conflits salvateurs, mais la plupart des P.A. en sortent en bonne santé.

Il existe cependant des embûches à ne pas ignorer, au risque de trébucher : les fameux fantômes qui peuvent faire de la vie du P.A. un cauchemar éveillé et durable… et les fameuses mauvaises fréquentations, que tout P.A. normalement constitué ne manquera pas de convoquer pour expliquer son parcours difficile.

Les fantômes

Si les uns sont individuels, et ne regardent que soi, d'autres sont collectifs, et concernent la société tout entière. Difficile donc d'y échapper : le tout est de mener avec eux une habile négociation, associant fermeté et douceur.

Les fantômes individuels

Le P.A., la plupart du temps bien intentionné et respectueux, ne veut en aucun cas encombrer la vie de son adolescent par ce genre de phrase :

« Pourvu qu'elle ne ressemble pas à sa mère » si vous êtes séparé de cette dernière.
« Au même âge, j'ai commencé à foutre ma vie en l'air… »
« J'ai l'impression qu'il a hérité de mon frère… »
« C'est à 13 ans que j'ai commencé à grossir, je veux lui éviter les régimes à vie. »
« J'espère qu'elle ne tombera pas sur un salaud, comme moi. »

Il ne les prononce donc pas à voix haute, mais il y pense, tout en essayant de ne pas y penser. Ce n'est pas la moindre des contradictions du P.A.

Cela le réveille la nuit.

Comme il est assez difficile pour la plupart d'entre nous de discuter raisonnablement avec un fantôme quand il vous réveille la nuit, et encore plus difficile de le faire disparaître, l'usage de somnifères peut paraître une solution adaptée au P.A. angoissé et fatigué par les insomnies à répétition dont son adolescent n'est pas responsable.

Le fantôme détestant par-dessus tout qu'on cherche à l'endormir, il se venge et s'installe au grand jour, profitant de la moindre situation pour se manifester.

Un P.A. terminant une discussion « animée » avec sa fille va ainsi finir par lâcher : « Tu es bien comme ta mère ! (sous-entendu, cette femme horrible qui a brisé ma vie) ». Cela risque de provoquer, par exemple, une réaction de surprotection ou de rejet de ladite mère par ladite fille, engagée dans une histoire de couple où elle ne peut jouer grand rôle.

Un autre va tellement vouloir éviter à son adolescent les dangers de la vie que ce dernier finira par en être victime à force d'avoir peur.

Un autre encore se polarisera tant et tant sur la nourriture que cela finira par devenir une source de problèmes pour son adolescent(e). Toutes les variantes sont évidemment possibles, en fonction de l'histoire de chacun.

Le P.A. a donc tout intérêt à ne pas vouloir endormir son fantôme : mieux vaut lui reconnaître son existence, l'installer tranquillement à côté de soi, de façon à ce qu'il n'encombre pas la vie de son adolescent, entamer de temps en temps la discussion à son sujet, au grand jour : les événements passés appartiennent au passé et ne se reproduisent que lorsqu'on cherche à les enfouir.

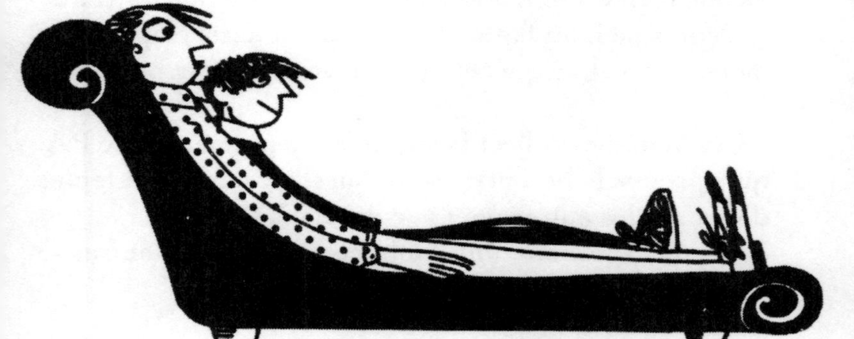

Si les fantômes sont particulièrement opérationnels au moment de l'adolescence, cela ne signifie pas qu'ils « naissent » à ce moment-là de la vie du parent : simplement, dans de nombreux cas, les signes de leur existence durant l'enfance sont moins visibles pour le parent.

Les fantômes collectifs

Ils sont légion et ne facilitent pas, objectivement, la tranquillité du P.A.

À la différence du fantôme individuel, ils prennent des formes réelles et nul ne peut ignorer aujourd'hui leur existence : à l'occasion de fêtes, par exemple, il est difficile pour le P.A. de se raconter qu'il n'y aura ni drogue ni alcool, même si son adolescent(e) l'assure du contraire.

Depuis peu, les fantômes se seraient aussi emparés du monde virtuel, ce qui en soit ne devrait étonner personne.

Ces fantômes collectifs inquiètent légitimement le P.A. qui éprouve le besoin de se rassurer : les uns vont tenter d'ignorer, les autres vont sur-dramatiser.

Les uns vont faire une confiance aveugle, les autres se méfier en permanence.

Les adolescent(e)s, de leur côté, protègent leur P.A. comme ils peuvent, à l'aide des petits mensonges et autres dissimulations.

Certains P.A. se souviennent que l'adolescence est l'âge des **explorations**, comme la petite enfance (cf. p. 61 et suiv.), et que cela mérite un accompagnement sans aveuglement. Leur adolescent, en **confiance** parce que ne craignant pas de décevoir, viendra plus facilement chercher du secours s'il se sent en difficulté.

D'autres éviteront de dresser un portrait de l'avenir si noir que n'importe quel futur adulte succomberait aux paradis artificiels…

S'il doit savoir que les situations de souffrance véritable entraînant des prises de risques concernent une minorité d'adolescents et d'adolescentes, le P.A. concerné doit aussi savoir qu'il ne parviendra pas seul à en venir à bout : il est le plus mal placé, parce qu'il est parent avant tout.

En revanche, il est le mieux placé pour considérer que son adolescent a besoin d'aide et la lui procurer. Cela ne sera pas aisé, se heurtera d'abord à un refus, pourra être vécu comme une contrainte, mais sera salvateur dans la plupart des cas.

••• Les mauvaises fréquentations

Le groupe de copains étant une constante de la jeunesse, il arrive souvent au P.A. de se dire que, si son adolescent(e) l'abandonne, cela doit être à cause de leur influence, omniprésente !

À l'adolescence, c'est en se confrontant aux autres, de son âge, que le jeune garçon ou la jeune fille va se découvrir. Le groupe d'amis permet de quitter son enfance, de s'affranchir de la dépendance aux parents, pour peu à peu développer l'autonomie propre au jeune adulte : mais, si grandir est une source de bonheurs et de promesses, quitter son enfance peut rendre nostalgique, triste, voire occasionner des moments de dépression et l'adolescent a alors besoin de soutien.

Le groupe, qui permet de ne pas être seul, va remplir ce rôle.

Il protège le plus souvent l'adolescent en construction et il s'agit donc pour lui de montrer des signes de reconnaissance et de solidarité.

Il faut reconnaître qu'il est vraiment difficile pour le P.A. de comprendre que la fameuse « recherche de soi » de l'adolescent se décline avant tout sur le mode d'« être comme les autres ».

Aller de « qui suis-je ? » à « je suis... » passe en effet par une succession d'identités provisoires oscillant entre l'absence totale d'originalité – vers l'âge de 14 ans – et une nouvelle originalité – vers l'âge de 16 ou 17 ans.

Soucieux de le conseiller au mieux, pour son bien, mais ne parvenant plus à lui imposer ses propres choix, le P.A. est désemparé face à une tenue vestimentaire, une coupe de cheveux, un tatouage, un piercing – toutes choses destinées à **faire comme les autres** tout en se distinguant et en provoquant un peu : cela fait partie du jeu.

Pour peu qu'il ait soigneusement veillé, pendant l'enfance de Trésor, à éviter les conflits, le P.A. est désarmé parce qu'il ne sait pas comment s'y prendre : aller à la confrontation, ignorer, encourager ?

D'autant que durant les années précédentes, le P.A. a aussi été attentif à ce que Trésor ne se sente pas « différent » de ses camarades, bien conscient que cela aurait pu lui occasionner des soucis d'intégration.

Ce qui ne l'empêche pas de considérer que son adolescent(e) de 14 ans :

– n'a aucune personnalité ;

– se comporte comme un mouton de Panurge ;

– obéit à n'importe quelle injonction imbécile simplement pour faire comme les autres ;

– a oublié les règles les plus élémentaires de la vie à la maison ;

– passe son temps accroché aux murs de Facebook, sans avoir jamais expérimenté l'escalade ;

– gâche les nombreux talents prometteurs dont il ou elle était doué(e) ;

– a renoncé au moindre discernement ;

– ne se rend pas compte qu'il ou elle est en train de jouer son avenir ;

– est, en deux mots, devenu **totalement stupide**, et tout cela à cause de ses **fréquentations, par définition mauvaises !**

Entre 12 et 15 ans, les adolescents sont plutôt uniformes : même style, même musique, mêmes séries, mêmes films cultes, mêmes outils, mêmes jeux vidéo. Le conformisme décline à partir de 16 ans, parce que l'adolescent sait un peu mieux qui il ou elle est et sera en capacité de choisir « son » sous-groupe, en fonction de son sexe, de son milieu socioculturel, de son parcours : le jeune adulte se profile.

Voilà pourquoi, de génération en génération, le P.A. s'inquiète des fréquentations, considérant que c'est à cause des autres que son adolescent est devenu cet être étrange. Le P.A. a raison encore une fois : c'est bien **grâce aux autres que Trésor s'émancipe…**

Et rassurez-vous : imaginez un adolescent isolé, préférant la compagnie des adultes, ne disant jamais non, attentif à vous faire plaisir, sans intérêt aucun pour les diverses modes, utilisant en permanence un langage correct, passant tous ses week-ends à la maison.

Imaginez un adolescent qui marcherait à reculons vers sa génération…

Mais alors,

Si ce n'est pas votre faute

Si ce n'est pas sa faute

Si ce n'est pas
leur faute...

À qui la faute ?

On entend dire que le Parent d'Adolescent est **de plus en plus précoce**. La précocité est une dérive des temps modernes.

Or, à y regarder de près, on se rend compte que là comme ailleurs, la contrefaçon existe : cela ressemble à l'adolescence, peut parfois en avoir la couleur, mais n'en a en aucun cas la saveur… reconnaissable entre toutes !

Ainsi, on voit des parents d'enfants de 8 ou 10 ans se comporter avec eux comme s'ils en avaient 13 ou 14, en particulier quand il s'agit d'une fille : manucure, soutien-gorge, talons hauts. Au point que l'interdiction de l'ensemble de ces signes extérieurs de sexualisation précoce, dans le cadre de l'école maternelle et primaire, pourrait provoquer une levée de boucliers sur le mode de l'atteinte à la liberté de la femme...

D'autres se déclarent incapables de la tranquille fermeté nécessaire à l'éducation encore de mise à cet âge – sachant qu'au moment de l'adolescence, ce n'est plus tout à fait d'éducation qu'il s'agit, mais plutôt de communication.

Ces usurpateurs d'identité sont les ennemis et de l'enfant et du véritable Parent d'Adolescent, lequel est aisément identifiable à :

– son observation plus ou moins stoïque des métamorphoses corporelles et psychologiques de Trésor, à partir de 12-13 ans ;

– son angoisse pour le bac environ 18 ans après la naissance de Trésor.

Autrement dit, on devient P.A. au moment où le corps de son enfant devient un corps d'homme ou de femme :

– qui va nécessairement partir à la rencontre d'un autre corps sexué ;

– avec lequel il s'échappera de la maison pour mener sa vie d'adulte de façon autonome, voire devenir parent à son tour.

Si tout va bien. C'est-à-dire dans la majorité des cas.

Ce n'est pas forcément agréable d'emblée ni facile à accepter. L'âge, aussi porteur de sagesse et de maturité soit-il, fait pâle figure à côté de l'éclat, de la fraîcheur, de la fermeté, de la souplesse du jeune homme ou de la jeune fille dont le corps tout entier raconte les promesses de la vie.

L'adolescence est un moment de transition majeure de la vie où se succèdent deux périodes assez distinctes :

– la première débute à 11-12 ans, au moment de la puberté, sans laquelle il n'y aurait pas d'adolescence. La mise en place du fonctionnement des appareils sexuels et génitaux entraîne des modifications corporelles externes dont les répercussions psychologiques sont importantes. Chercher et commencer à affirmer sa nouvelle identité d'adulte s'accompagne alors de négativisme, de quête d'indépendance, d'une exacerbation (temporaire) des conflits en famille, ou avec les adultes proches, comme au collège.

– c'est vers 16-17 ans que commence la seconde phase, la fin de l'adolescence : c'est un moment de consolidation avec une nouvelle identité plus cohérente. La famille s'est adaptée, les changements majeurs ont été intégrés et un nouvel équilibre s'instaure...

L'épreuve du corps

En règle générale, le Parent sait qu'il est devenu Parent d'Adolescent, mais sans encore le réaliser pleinement, le jour où son enfant (qui n'en est plus un mais reste son enfant) lui déclare, d'un air gêné, qu'il se passerait volontiers de sa vision en sous-vêtements, voire dans son « plus simple appareil » : « Tu pourrais pas te balader autrement ! »

Surpris, le P.A. ne comprend pas forcément d'emblée le sens du propos : peut-être s'agit-il d'une simple vengeance, suite à un refus de sortie…

Il peut aussi faire semblant d'avoir mal entendu (cf. *supra*, les troubles de l'audition)…

Ou encore prendre immédiatement un abonnement au club de sport du coin pour raffermir ses chairs…

C'est généralement au même moment que son adolescent(e) manifeste des comportements de pudeur tout à fait caractéristiques de la sexualisation du corps en métamorphose : il ou elle ne veut absolument plus être vu nu(e) par ses parents, et ne reviendra jamais là-dessus.

Cela arrive plus tôt chez les jeunes filles, parce que leur puberté démarre avant celle des garçons. De plus, les transformations du corps sont pour elles plus radicales : elles changent vraiment de formes – c'est d'ailleurs en ces termes que l'on peut entendre parler du corps féminin – ce qui n'est pas le cas du garçon qui s'élargit, s'épaissit, grandit dans tous les sens et dans le désordre, mais reste davantage « le même ». Si le petit garçon ressemble à un petit homme, la petite fille ne ressemble pas à une petite femme, et ce, malgré tous les efforts de certains parents ou publicitaires vouant les enfants à une sexualisation précoce et dévastatrice.

Le P.A., **préoccupé par ce qui lui arrive**, ne se rend pas compte que son regard est un miroir pour celui ou celle qui s'élance dans la vie et a besoin de se rassurer d'un bienfaisant « coup d'œil ».

> À l'adolescence, l'image de soi, construite durant l'enfance, ne correspond plus à la réalité : en quelque sorte, ce qu'on voit dans le miroir ne va plus avec la représentation de soi que l'on a dans la tête.
>
> L'image de soi se structure, entre autres, à travers le regard que les autres portent sur ce nouveau corps et le jugement qui l'accompagne. L'adolescent(e) est ainsi profondément dépendant(e) de son environnement : proches adultes, parents et camarades.

Le P.A., certes encore un peu jeune, mais recalé dans son peignoir bien fermé, bientôt interdit de séjour dans la chambre de Trésor et soumis au rigoureux planning de la salle de bains (cf. la vie quotidienne), est alors victime d'une forte poussée narcissique négative.

C'est à peine s'il se rappelle qu'au même âge, il couvrait ses parents de reproches injustes et changeait de trottoir pour ne pas les croiser.

Il se souvient seulement de ses rêves d'adolescent.
Il se penche sur sa réalité de maintenant.
Il se dit que peut-être il est encore temps…
Mais il est fatigué quand il se couche trop tard.
Il n'est pas très en forme le lendemain, à son travail.
Il prend des amphétamines pour tenir le coup.
Il voit bien qu'il est ridicule.
Son adolescent le voit aussi.
Il ne sait plus à quel saint se vouer.
Il peut avoir une crise de mysticisme.
Ou de paludisme.
Ou de lyrisme.
Ou d'existentialisme.

Fragile, il voudrait pouvoir être soutenu, aimé, par son adolescent qui va bien mais est très occupé : rire, séduire, rêver, découvrir Nietzsche, danser, aimer. Travailler ? Pas trop…

Inutile de compter sur lui.

SOURIEZ : vous avez de **fortes chances** de connaître un jour le bonheur d'être **grands-parents** !

L'épreuve du Câlin

Le câlin du soir, le câlin du matin, le câlin pour consoler, le câlin pour rien, le câlin devant la télé... **Fini... Terminé...**

Face à cette prise de distance, le P.A. (surtout si sa vie affective en dehors de son adolescent manque de câlins) ne sait plus où il en est de ses sentiments, avec un ou une adolescente qui considère le câlin comme étant d'un autre âge.
Il se doute bien cependant que son adolescent est câlin avec d'autres que lui, en particulier avec ses amis.

Le Parent d'Adolescent, de plus en plus triste, fait alors preuve d'un remarquable manque de discernement : confondant l'amour, la tendresse et l'intimité, il croit que son adolescent(e) ne l'aime plus, parce qu'il n'a plus d'intimité avec lui, ou avec elle.

Il arrive même à certains d'entre eux de se sentir vexés, voire de fermer leur porte, quand leur adolescent(e) vient réclamer de l'aide : le P.A. affaibli n'est pas en mesure alors de réaliser que c'est une marque de bonne santé et de confiance.

Il a l'impression à la fois de ne plus servir à rien tout en continuant à être utilisé...

SOURIEZ : vous êtes sa terre ferme

Il a oublié que l'adolescent est un oiseau qui s'envole, mais revient vers le nid quand il fait trop froid, ou quand il a trop faim, ou quand il s'est fait très mal.

Le Parent d'Adolescent a du mal à se réjouir de veiller sur un nid vide qui conserve la chaleur, juste pour soigner les plaies de son oiseau qui repartira ensuite.

Pourtant, la situation n'est pas vraiment nouvelle, souvenez-vous de Trésor…

Dix ans plus tôt…

Pour bien mesurer le trouble du Parent d'Adolescent, il est nécessaire d'effectuer un petit retour en arrière, quand Trésor avait 2 ou 3 ans.

Tour à tour rieur ou triste, doué d'une belle autonomie nouvelle, curieux de tout, maniant aussi aisément le « moi je suis grand » que le « non », explorant chaque jour davantage le monde autour de lui – à la condition que son adulte soit à portée de regard – sans limites autres que celles données par son parent qu'il accepte difficilement mais qui le protègent, découvrant la différence des sexes, peu enclin à ranger ses jouets après les avoir sortis, refusant d'aller se coucher à l'heure nécessaire, tout aussi adorable que despote, la vie lui appartenait.

Cela ne vous rappelle rien ?

Au jardin public, par exemple, où son parent ne manquait pas de l'emmener jouer avec ses petits camarades, Trésor expérimentait tout ce qui était autour de lui : toboggan, tourniquet, balançoire… tout en jetant régulièrement un coup d'œil pour s'assurer de la présence de son adulte.

Et puis un jour, réalisant que plus loin, il y a d'autres jeux, qui ont l'air tout à fait attrayants, à en juger par les éclats de rire des « plus grands », il a voulu aller jouer « là-bas », lui aussi.

Comme il ne voulait pas s'éloigner trop de son adulte, qui d'ailleurs ne le quittait pas des yeux, il est venu le prendre par la main pour qu'il l'accompagne.

Ce dernier, bien conscient que la pancarte « Interdit aux moins de 6 ans » signifiait que cela pouvait présenter un risque pour Trésor de 3 ans, a réagi d'une façon ou d'une autre, en fonction de son style : lui interdire sans explication, lui expliquer qu'il est trop petit même s'il est déjà grand, lui faire une description apocalyptique de l'accident qu'il risque d'avoir, lui proposer d'aller voir avec lui ce qu'il en est et le prendre dans ses bras pour un tour de toboggan géant…

Le Parent d'Adolescent, en particulier durant la période pubertaire, est à peu près dans le même cas de figure, sauf que Trésor est plus grand, plus fort, sait argumenter et développer toutes sortes de stratégies pour arriver à ses fins… à savoir jouer à des jeux de grands, alors qu'il n'en a pas encore la maturité : rentrer tard le soir, aller en boîte, décider de sa vie…

Persuadé qu'il ou elle est autonome, et tellement « plus mature que lui au même âge », le P.A. ne réalise pas toujours que 13 et 17 ans, c'est aussi différent que 3 et 7 ans. Autoriser à 13 ce qui est « réservé » aux plus de 16 ans revient à peu près à la même chose que laisser Trésor partir jouer seul dans le coin réservé aux plus de 6 ans.

Ce qui ne justifie pas pour autant que le P.A. doit s'obliger à sortir en boîte de nuit avec son adolescent(e) ni à consommer un produit illicite en sa compagnie : il est essentiel pour l'image de soi du P.A. de ne pas céder aux sirènes du jeunisme, au risque de prendre un formidable coup de vieux !

Le P.A. va donc devoir renouer avec **l'âge du NON**, les conflits, au sein de conversations un peu plus élaborées que dix ans plus tôt et face à un regard tout aussi accusateur de « maltraitance ».

Assurer la protection encore nécessaire, sans toutefois surprotéger, c'est admettre d'être « un vieux ringard – ou une vieille ringarde » qui ne comprend rien à la jeunesse, face à un jeune garçon ou une jeune fille dont la hauteur nécessite de lever les yeux pour lui parler : mieux vaut donc avoir ce type de conversation assis, les différences de taille, moins apparentes, ne risquant pas alors de gommer **la différence de génération** à laquelle le P.A. peut difficilement échapper.

Pour peu qu'un miroir vienne alors offrir le reflet de cette fameuse différence, la prise de conscience devient féroce : d'un côté la maturité, de l'autre la vigueur…

SOURIEZ : cela fait pétiller les yeux, éclaire le visage, gomme les rides… et peut même le ou la faire sourire !

Souriez, parce que il ou elle :

– est jeune ;

– est d'une grande beauté ;

– est doué(e) de grâce ;

– est débordant(e) de vitalité et de ressources ;

– a encore besoin de vous, même si il ou elle prétend le contraire ;

– est un(e) futur(e) adulte ;

– cherche à s'affirmer ;

– réalise qu'il ou elle peut vous faire confiance et n'hésitera pas à faire appel à vous en cas de nécessité ;

Et parce que vous en êtes fier !

C'est réjouissant de **les accompagner**, de les voir se transformer, acquérir liberté et autonomie. Réjouissant de les entendre se révolter et remettre en question l'ordre établi. Réjouissant de comprendre avec eux les changements de la société, de les voir embellir année après année.

Le Parent d'Adolescent et la sexualité

La très grande majorité des parents étant les géniteurs de leurs enfants, il va sans dire que la sexualité du P.A. est mature. Ce qui ne signifie pas qu'elle soit satisfaisante.

La sexualité du P.A. ne regardant personne, et surtout pas son adolescent, il n'est donc pas nécessaire de l'évoquer de façon explicite.

De même que la sexualité des adolescents : le P.A. excessivement attentionné et soucieux du bon déroulement de la fameuse première fois, au point d'en expliquer le contenu à son adolescent(e) s'expose à de véritables difficultés : premièrement parce que ce n'est pas son rôle, deuxièmement parce que cela ne se passera pas du tout comme il l'avait prévu – rien de tel pour ébranler la confiance !

Pour autant, le sexuel rôde… confrontant parfois le P.A. à de délicates questions.

Ainsi, à l'occasion de la nouvelle chambre qu'il conviendra d'aménager pour le ou la jeune adolescente, décider de la taille du lit (une place ou deux places ?) peut l'amener à regarder d'un œil nouveau sa propre literie. Il arrive que le Parent d'Adolescent, conscient qu'il a effectué la moitié du chemin, souhaite profiter de sa nouvelle liberté pour recommencer une vie affective exaltante, à l'image de son adolescent qui va bientôt commencer tout court :

en moyenne, filles et garçons démarrent leur vie sexuelle autour de 17 ans.

On a ainsi vu des parents patienter pendant de longues années avant de décider de se séparer, pour éviter à Trésor une situation douloureuse durant son enfance. Ou bien préférer ne pas s'installer avec un nouveau conjoint, pour éviter un éventuel traumatisme.

L'adolescence peut alors sembler être le moment propice, à la condition bien sûr de n'avoir élevé qu'un unique Trésor.

Le P.A. audacieux doit alors savoir qu'il risque de se confronter à de sérieuses déconvenues : non seulement cela peut être vécu comme une usurpation de statut, le P.A. pouvant être **perçu comme un adolescent par son adolescent**, mais cela peut être l'occasion de véritables difficultés. Fragilisé par ces nouveaux aménagements à un âge où il a absolument besoin d'une terre ferme où poser des pieds qui grandissent sans cesse, de sécurité pour devenir autonome, l'adolescent, comme l'adolescente, est capable, sans le vouloir, de développer de réels symptômes de souffrance face au changement.

Le P.A., qui s'est sacrifié pendant tant d'années, désireux de vivre une seconde jeunesse, peut alors développer une sincère rancœur vis-à-vis de son adolescent, qu'il vit comme un persécuteur lui refusant le droit au bonheur.

Ce dernier n'y étant pour rien, cela peut très vite devenir infernal pour tout le monde.

Il est alors vivement conseillé au P.A. de ne pas rester seul et de se faire aider, avant que cela ne tourne vraiment mal.

Le P.A. se faisant difficilement aider – parce qu'il n'est pas fou –, il n'est pas rare qu'il tente de faire aider son adolescent.

Cela peut être un moyen efficace de finir par se faire aider quand même.

De nombreux P.A. ne sont cependant pas dans cette situation, soit parce qu'ils ont encore des enfants en bas âge à ne pas « traumatiser », soit que leur vie affective est pleinement réussie, soit que la sexualité naissante de leur adolescent(e) ne les trouble pas particulièrement : eux-mêmes en gardant un joli souvenir, c'est avec plaisir qu'ils regardent, de loin, les premiers émois de leur fille ou de leur fils, sans s'en charger à leur place ni se confondre avec eux.

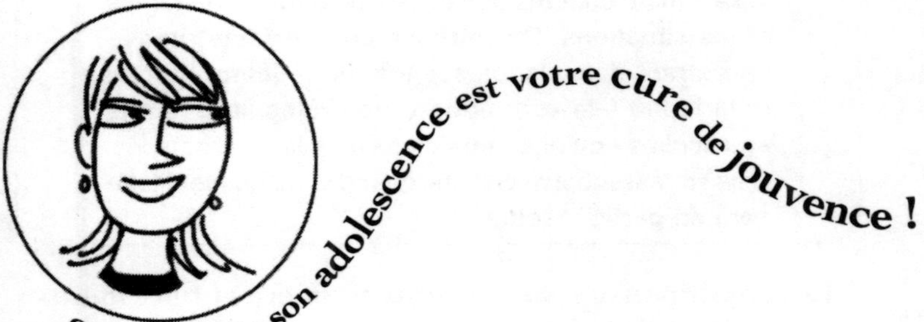

••• La différence des sexes

Selon qu'il est de sexe masculin ou féminin, et en fonction du sexe de son adolescent, le P.A. vivra ces années bien différemment.

La différence tient en grande partie au mode d'expression des émotions des uns et des autres. C'est certainement culturel, mais tout à fait opérationnel.

> Jusqu'à l'âge de 5 ans, un enfant ne comprend pas que le sexe est une donnée biologique constante, mais pense qu'on est garçon ou fille en fonction de ses activités et de son apparence comme la longueur des cheveux, la couleur et la forme des vêtements, le type de jeux et de comportements : ce sont des « indices de perception majeurs », emmagasinés et codifiés depuis les premières années de la vie. La valeur accordée aux stéréotypes de sexe est alors à son apogée : faire quelque chose que fait l'autre sexe signifierait être l'autre sexe... Filles et garçons vont ensuite se détendre, quand ils auront compris que le sexe – mâle ou femelle – est stable à travers le temps et les situations. On retrouve une certaine rigidité en entrant dans l'adolescence, où le jeune garçon et la jeune fille vont adopter les rôles sexués dits « masculins » ou dits « féminins » les plus stéréotypés. Cela se réassouplira ensuite, quand la quête identitaire sera en partie résolue.

Les combinaisons sont multiples : mère et fille, mère et fils, père et fille, père et fils, marâtre et fils, marâtre et fille, parâtre et fils, parâtre et fille, etc.

••• Le P.A. de sexe féminin

Il existe de multiples façons pour le P.A. de sexe féminin de voir grandir Trésor, surtout si Trésor est une fille :

Vouloir tout partager avec elle, pendant qu'il est encore temps, peut être « tendance ». Bien que cela témoigne d'une belle générosité et d'un profond désir de complicité et de coopération, c'est peu propice à la construction de l'intimité dont a besoin le Parent d'Adolescent pour prendre le chemin de la maturité. Ainsi, consulter le ou la même gynécologue que sa fille peut être traumatisant pour le P.A. de sexe féminin qui ne peut ignorer que bientôt viendra le temps de la ménopause. Aussi inéluctable, imprévisible et irréversible que la puberté, elle est le signe d'une nouvelle vie dont les unes vont s'emparer avec bonheur, les autres avec nostalgie, chacune revisitant son histoire d'un œil nouveau et subjectif… qui ne regarde qu'elle.

Le P.A. de sexe féminin peut aussi bien légitimement ne pas supporter d'être relégué au second plan : être une bonne mère a des limites – en moyenne les 14 ans de sa fille – surtout quand le miroir de Blanche-Neige vient raconter la fameuse ride véloce ou le non moins célèbre bourrelet en trop… Dans un monde où l'apparence physique est une valeur en soi, pas question alors de se laisser distancer, notamment dans le registre de la séduction !

Autre variante de la combinaison mère-fille : elle et moi, c'est pareil. Il faut reconnaître que c'est tentant, un corps de fille fabriqué par un corps de femme, il y a de fortes chances que cela soit identique ! Contempler sa propre image en voyant défiler sa fille a de quoi procurer une intense satisfaction à la P.A. légèrement vieillissante mais aussi quelques difficultés de séparation !

Le P.A. de sexe féminin d'un adolescent a plus de chance : il ignore à peu près tout de ce qui se passe pour lui et le regardera devenir un homme avec fierté, ou étrangeté... du moment qu'il rencontre une femme qui ressemble à sa mère, tout va bien ! La déception pourra être cruelle, mais ce sera pour plus tard.

••• Le P.A. de sexe masculin

Le P.A. de sexe masculin, de son côté, pense rarement à entraîner son fils pour une visite au planning familial.

C'est peut-être parce qu'il n'est pas guetté par la ménopause.

Il peut en revanche ressentir une certaine inquiétude face aux jeunes garçons qui « tournent » autour de sa fille, craignant que ces derniers ne prennent pas « leurs précautions ».

Le P.A. est décidément contradictoire...

Équipé d'un adolescent, il devra faire face au moment où ce dernier le battra sur un court de tennis, finira le marathon avant lui, le fera vaciller par une simple tape dans le dos. Sans parler du moment où il le croisera par inadvertance avec une ravissante jeune fille.

Le P.A. de sexe masculin peut avoir du mal à céder la place.

Il n'est pas rare d'en croiser au bras d'une jeune femme enceinte.

Fier d'être aussi performant que son adolescent, il ne s'aperçoit pas du temps qui passe.

Il le réalisera dans quinze ans, quand il devra à nouveau affronter l'adolescence.

Il peut aussi être mis en difficulté par une affaire de poil – le poil étant un élément sexuel de grande importance.

Le P.A. de sexe masculin ne comprend pas pourquoi son fils, grand, fort, dont la barbe est déjà plus que naissante, n'a aucun poil sur le torse.

Il se regarde dans le miroir et se sent anormal, plus proche du singe que de son fils.

Jusqu'au jour où il découvre que son fils s'épile.

N'osant s'en ouvrir à autrui, inquiet, le P.A. de sexe masculin se demande bien ce qu'il a pu faire pour mériter cela.

Il se souvient avoir découragé Trésor de jouer avec la poupée de sa sœur, quand il avait 4 ans. De lui avoir expliqué qu'un homme, ça ne pleure pas, c'est fort, courageux et protecteur, mais que cela peut être aussi doux, sensible et poète.

Il se persuade qu'il l'a traumatisé.

Il est mal à l'aise quand il croise les amis de son adolescent.

Jusqu'au jour où il réalise, à l'occasion d'une anodine conversation, que la mode actuelle des jeunes hommes est de se raser les poils du torse, et de porter une barbe savamment taillée, pour qu'on ne les confonde pas, de l'extérieur, avec les filles.

Il se demande alors s'il ne devrait pas en faire autant...

Face à son adolescente, devenue une jeune femme, le P.A. de sexe masculin est souvent embarrassé et peut ne pas savoir vraiment comment se comporter.

Il repense à son adorable petite fille.

Il se demande s'il peut lui dire qu'elle est une magnifique jeune fille.

Il attend le jour où elle se mariera... s'imaginant déjà la fierté d'être à son bras.

SOURIEZ : le monde a beau changer, l'amour reste une valeur sûre !

••● Le P.A. de famille recomposée

Compte tenu de l'évolution de la famille, il n'est pas rare que le P.A. connaisse diverses configurations et hérite, à l'occasion d'unions successives, d'adolescents issus d'un autre lit.

N'ayant développé ni intimité ni complicité durant le temps de l'enfance, le P.A. amoureux de son nouveau conjoint peut ressentir quelques difficultés d'adaptation avec le jeune garçon ou la jeune fille faisant partie du lot et qu'il accueille souvent avec une grande bienveillance apparente, pour ne pas faire de peine audit conjoint.

Ainsi, de nombreux P.A. consacrent un week-end sur deux, voire une semaine sur deux – mais c'est plus rare –, à tenter de « faire alliance » avec un étranger dont ils ne connaissent rien et dont les habitudes relationnelles ont de fortes chances de le heurter : d'abord parce qu'il ou elle a grandi dans une autre famille, ensuite parce que c'est un adolescent.

Dans le cas du « promu P.A. », cette première rencontre avec l'adolescence sans jamais avoir été parent auparavant peut être une véritable souffrance, et entraîner de graves troubles (voir en p. 17 et suiv.), comme une véritable révélation, si le P.A. a survécu aux quelques années d'adaptation nécessaires : on a ainsi vu s'opérer de sincères adoptions sentimentales et réciproques.

Le cas de figure le plus complexe est peut-être celui de la marâtre avec une belle-fille, pour peu que cette dernière ressemble à sa mère, la femme que son nouveau conjoint a aimée en d'autres temps. Contempler l'objet de la trahison peut devenir insupportable, au point de devoir tordre le cou aux souvenirs et de renvoyer la jeune fille dans son foyer d'origine, de préférence sans en avoir l'air : décréter le couvre-feu à 18 heures, les week-ends où elle doit venir voir son père pour qu'il en profite pleinement, glisser çà et là dans la conversation quelques mots sans importance sur la façon dont elle est élevée...

Le Parâtre semble plus rare que la Marâtre.

On pense, mais cela n'a rien de scientifique, que c'est à cause des contes de fées.

L'épreuve la plus difficile pour lui est souvent de devoir partager sa femme avec un ou une adolescente sans grand intérêt...

3

La vie quotidienne du Parent au temps de l'adolescence

SOURIEZ :

Entre rires et conflits,
rendez-vous ratés
et rencontres
inespérées, coups
tordus et promesses,
incompréhension
et tendresse,
ce sont les plus
belles années…
de VOTRE vie !

La vie quotidienne du Parent d'Adolescent est une source inépuisable de surprises, de troubles, de bonheurs, de questions existentielles, d'enrichissements, de remises en cause, de difficultés, le tout de façon plus ou moins momentanée.

Il s'agit donc d'en profiter au maximum, sans en perdre une miette. Ce n'est pas si souvent que la vie offre de telles occasions d'intranquillité !

Heureusement, dans la plupart des cas, l'expérience se renouvelle plusieurs fois de suite, tant il est rare que tous les enfants d'une même famille parviennent en même temps à la puberté : le P.A. consacre ainsi en moyenne entre douze et quinze années de sa vie aux plaisirs de l'adolescence.

Les malheureux n'ayant qu'un enfant ont toujours la possibilité de se reconvertir en FFPA.

La première fois

Il incombe à l'aîné(e) de la fratrie d'ouvrir la voie qui fera de son parent un authentique P.A. diplômé (et non pas une contrefaçon !).

Pour peu que la première mutation se soit passée dans de bonnes conditions, ce qui ne signifie pas sans heurt, le P.A. se sent prêt pour la suite : il sait à présent ce qu'est la « bonne distance », ne se voile pas la face, a compris le fonctionnement du système scolaire, renoncé à l'impossible maîtrise, lu et oublié tous les ouvrages indispensables.

Tout ira donc pour le mieux avec le second.

Cela ne se passe jamais ainsi : le P.A. apprend avec chacun de ses adolescents, lesquels se montrent toujours soucieux de le maintenir en éveil.

Notons au passage que cet apprentissage multiple concerne autant son adolescent : il n'est pas rare que frères et sœurs, devenus adultes, aient le sentiment de ne pas avoir les mêmes parents !

La simple différence des sexes suffit à brouiller les pistes : ainsi, le P.A. de sexe masculin, qui n'avait eu aucun souci avec son fils aîné, va d'un seul coup réaliser, grâce au regard ciselé de sa fille acquise à l'égalité entre les hommes et les femmes, qu'il ne fait pas grand-chose à la maison. La prise de conscience peut être rude… mais source d'évolution !

Dans la même circonstance, le P.A. de sexe féminin n'est pas plus à l'abri des critiques féroces : la plus jolie maman du monde peut devenir en quelques mois une vieille sorcière mal fagotée et soumise, à laquelle il s'agit surtout de ne jamais ressembler. En version décryptée, il faut entendre :

« Il serait peut-être temps que tu t'occupes un peu de toi… et que tu me lâches ! »

Les exemples sont légion, l'adolescence venant révéler avec force que chaque enfant est unique : s'il peut être relativement aisé de les réunir quand ils sont tout petits, cela devient un tour de force quand ils grandissent.

La diversité étant une richesse inestimable, réjouissez-vous et tenez bon... que vous ayez eu un, trois ou sept enfants, vous serez toujours **parent unique !**

À table !

Le parent, avant de devenir Parent d'Adolescent, pouvait avoir l'habitude de rentrer chez lui le soir pour dîner en famille. C'était généralement un moment joyeux, surtout s'il ne rentrait pas tous les soirs : retrouver le havre de paix de la maison, tout en se sentant exsangue après une journée de travail, était alors une fête, et partager les coquillettes un moment de bonheur.

Et puis un jour, comme ça, sans crier gare, le parent, toujours exsangue après sa journée de travail, entend – alors qu'il vient de finir la préparation du dîner et de faire le tour du foyer :

– J'ai pas faim.

Autre version :

– J'ai déjà mangé.

Ou encore :

– Pas le temps, je dînerai plus tard.

Plusieurs pistes sont alors possibles :

– Version drama : Insister lourdement et prendre le risque d'un repas sinistre.

– Version humour : « Ça tombe bien, il n'y a rien ! »

– Version nourricière : Déposer un plateau devant la porte de la chambre.

– Version reproche vivant : Aller au restaurant pour bien lui faire comprendre.

– Version indifférence : Faire comme si de rien n'était.

Tout dépend de la façon dont le P.A. envisage sa vie gastronomique, sachant que retrouver un temps de convivialité en partageant un repas peut prendre quelques années.

En fonction de son degré de patience, de sa capacité d'endurance, de son histoire, et de l'âge de son adolescent, le parent peut aussi inlassablement lui mettre un couvert (« Il / Elle finira bien par arriver ! »), ou au contraire le supprimer d'autorité (« Ça lui apprendra ! »).

Cette dernière solution est à risque : celui ou celle qui pensait avoir toujours sa place à table pourra nourrir d'injustes reproches, au lieu de se nourrir lui-même.

Variante : lui garder sa part… au frais, accompagnée d'un Post-it sur lequel le P.A. aura écrit : « Bon appétit ».

Son adolescent(e) sourira en le lisant, mais cela, le P.A. ne le verra pas.

Le P.A. doit s'habituer à ne pas profiter en direct des bienfaits qu'il prodigue.

Tout dépend aussi de la composition familiale : en présence « d'autres enfants-non-encore-adolescents », le P.A. peut se sentir menacé dans son autorité, craindre la contagion, redouter le fameux mauvais exemple de l'aîné, devant lequel les plus jeunes sont béats d'admiration.

Se sentant alors tiraillé, il sera tenté par la pratique du self-service : chacun son plateau, tout est sur la table ! Dans un premier temps, cela peut sembler enchanteur. Il n'est cependant pas certain que ramasser les plateaux suffise à maintenir la communication ni à valoriser le P.A. converti en gérant de self-service.

Un certain nombre d'adolescents vivant avec leurs deux parents, cela peut être aussi l'occasion de véritables conversations animées au sein du couple, lui redonnant une certaine vigueur : il n'est pas rare que chacun ait un avis différent sur le sujet.

Reste le sourire, qui peut aisément permettre un pas de côté, associé à la confection d'un plat unanimement préféré, dont l'odeur suffira à déclencher un : « Quand est-ce qu'on mange ? »

La question de la quantité du contenu des assiettes est aussi une source de surprises, variant dans le temps : l'adolescent est souvent équipé d'un appétit féroce, là où l'adolescente peut se mettre à traquer les calories, les canons actuels de la beauté étant tels qu'il est difficile d'échapper au diktat de la minceur ! Inutile de le lui faire remarquer... Ce qui ne veut pas dire ne pas y porter attention, si cela prend des proportions excessives et s'accompagne d'autres signes sources d'inquiétude.

Le P.A. doit donc s'habituer à confectionner des plats à consommation variable.

Les termites

On ne dira jamais à quel point le réfrigérateur, comme les placards de la cuisine, est un élément essentiel de la vie du parent : ouvert ou fermé, rempli ou vide, allié ou ennemi, il ne se passe pas une journée sans qu'il participe à la dynamique familiale, en dehors du temps des repas.

C'est encore plus vrai pour le Parent d'Adolescent, en particulier quand il vient de faire « le plein » de produits plus alléchants les uns que les autres, généralement le samedi, censés assurer la subsistance de la famille une semaine entière, et réduits à néant en 48 heures. (Seuls les emballages quasi vides dont la béance rappelle qu'ils étaient pleins il y a peu, ont résisté au massacre.)

Le P.A. réalise alors que les ami(e)s de son adolescent(e) qu'il accueille « bien volontiers » à la maison, sans pour autant les croiser, sont en fait une colonie de termites… aussi efficaces qu'ils sont inoffensifs.

Ils engloutissent gâteaux et crèmes glacées sans les remplacer… et sans prendre un gramme ! C'est profondément injuste.

Le P.A. ne devrait pas être en colère, parce que c'est un acte de bienveillance à son endroit : grâce aux termites, finalement, il ou elle ne risque pas de « craquer » devant une douceur qui mettrait en péril son éternel régime.

iOG

Les chaussettes orphelines

Une ou plusieurs fois par semaine, le Parent d'Adolescent est confronté au mystère des chaussettes orphelines, au moment où il s'agit de répartir le linge propre. Il semblerait que le Parent d'Adolescente soit moins concerné par le problème. Personne à ce jour n'a encore réussi à percer l'énigme.

La seconde chaussette parvenant rarement à retrouver la première, mieux vaut renoncer en souriant et admettre que la paire de chaussettes dépareillées fait partie de la panoplie adolescente.

L'apprentissage du lavage des vêtements est une source inestimable de déséquilibre pour le P.A. : rien pendant quinze jours, trois tonnes en 24 heures… jusqu'au jour où, réconcilié avec son corps, le ou la grand(e) adolescent(e) soucieux(se) de sa présentation reprendra le bon rythme !

SOURIEZ : et profitez-en… Dans quelques années, la machine à laver le linge s'ennuiera !

La permission de minuit

La fameuse permission de minuit reste une étape clé pour le Parent d'Adolescent, qui n'a pas toujours la possibilité de vérifier que l'horaire énoncé pour rentrer à la maison est respecté : de nombreux adolescents et adolescentes, attentifs à ne pas donner d'inquiétudes supplémentaires à leurs parents, préfèrent dormir chez un ou une amie quand ils sortent le soir.

Le P.A. attentif, ou soupçonneux, voudra s'assurer qu'il est bien en possession de la vérité : il risque une profonde déconvenue quand il découvrira que les parents de l'ami(e) en question sont absents ce soir-là.

Il finira par renoncer à donner une heure de retour, ce qui n'est pas une bonne idée : le P.A. risque alors l'insomnie.

S'il a le sens du confort, il achètera un canapé moelleux dans lequel il tentera de s'endormir en attendant le « bruit de la clé dans la serrure ».

Il peut aussi considérer que son lit est le meilleur endroit pour veiller.

Pour éviter l'insomnie, le P.A. devrait s'entraîner à ne pas céder sur l'heure, sans penser pour autant qu'il est un mauvais parent totalement « has been ». Le mieux est alors pour lui de se fixer un cadre, et de le tenir : cela le rassurera, même si son adolescent ne le respecte pas.

SOURIEZ : vous aurez tout le temps de vous reposer quand il ou elle aura quitté la maison.

Le look

Le Parent d'Adolescent a beaucoup de mal à reconnaître qu'il a mauvais goût en matière vestimentaire.

Aussi continue-t-il parfois à acheter des vêtements pour son adolescent qui ne les portera pas, tant ce dernier a une idée précise et bien à lui de ce qui lui convient, et qui peut varier tous les mois : c'est une affaire de style et dans ce domaine, par principe, le P.A. n'y connaît rien…

S'il persiste, il s'expose à de lourdes dépenses inutiles, du moins durant les premières années. Il ferait mieux d'économiser pour la suite, où il risque d'être exposé à de lourdes dépenses très utiles, le coût de la garde-robe d'un adolescent augmentant sensiblement après l'âge de 15 ans.

Il peut arriver aussi que le P.A. soit victime d'une opération de saisie sur ses propres habits : y voyant le signe d'une complicité enfin retrouvée, il ou elle n'hésite pas à prêter à son adolescent(e) un vêtement auquel il tient, tout en lui faisant les recommandations nécessaires à son bon usage. C'est un geste généreux, dans la mesure où le P.A. sait, pour le vivre chaque jour, que lui sera réservé le même sort qu'aux autres habits de son adolescent(e) : rester plusieurs jours, sale et en tas dans un coin de la chambre.

Le vintage étant tendance, le P.A. a cependant ainsi de fortes chances d'être vraiment à la mode.

C'est mon tour

Mis à part le Parent d'Adolescent qui a la chance d'avoir une salle de bains rien qu'à lui, où il peut se rendre quand il le souhaite ou en a besoin, c'est la pièce la plus convoitée par tous les membres de la famille.

Aussi, quand son adolescent ou adolescente s'empare du lieu, pour une durée illimitée, le P.A. peut ressentir une véritable angoisse : combien de temps lui faudra-t-il patienter avant de pouvoir vérifier son image dans le miroir ? Et que viendra lui raconter le miroir ?

L'usage de la salle de bains étant cependant le plus souvent personnel, il est vivement conseillé au P.A. d'établir un planning délimitant les tranches horaires d'occupation du lieu, sous peine de ne plus y avoir accès au moment nécessaire.

Cela lui évitera de longues minutes d'attente, source d'énervement, avant de pouvoir s'adonner au plaisir de la douche éliminant les odeurs corporelles, contempler son athlétique musculation ou sa gracieuse silhouette, s'assurer qu'il n'a pas hérité dans la nuit d'un bourrelet supplémentaire mal placé, et enfin se parer au mieux pour affronter le regard de ses collègues ou amis.

Un seul coup d'œil est loin d'être suffisant pour se rassurer. De face, de profil (c'est le pire, de profil), de dos, il s'agit de vérifier que tout est là, et se tient debout, malgré l'âge…

Certaines situations sont à éviter à tout prix, parce qu'elles peuvent avoir un effet véritablement traumatique et des conséquences insoupçonnées : ainsi le P.A. doit-il prendre garde de ne pas se retrouver au même moment que son adolescent devant le miroir de la salle de bains, qui, armé des plus belles intentions, peut alors lui glisser, en guise de signe d'affection :

« T'es bien conservé pour ton âge. »

Gel
déo
Parfum
TAN
Dissolvant
crème
DOUCHE

Le P.A. mal dans sa peau va alors chercher à réduire la tension agressive qu'il sent monter en lui en portant un regard critique sur la jeune personne en devenir : pas vraiment fini, trop maigre, trop petit, trop gros, trop grand…

Le P.A. bien dans sa peau va savourer le compliment.

Durant l'adolescence, le corps comme présentation de soi à autrui est fortement investi, pour les filles comme pour les garçons : maquillage, gel, rasoir, déodorant, parfums prennent une place prépondérante, et se regarder dans un miroir devient une activité essentielle : inquiet, préoccupé par lui-même et ce qu'il va physiquement devenir, l'adolescent(e) a besoin de se rassurer en se regardant… ce qui ne signifie pas qu'il s'admire.

Le P.A. devrait penser à installer un miroir dans la chambre de son adolescent(e).

Et dans l'entrée.

Et dans la cuisine.

Un petit clin d'œil en passant, ça ne peut pas faire de mal…

Le ménage

Dans la mesure où il n'est pas rare qu'un adolescent laisse traîner de nombreuses et rassurantes traces du vivant – les cheveux dans la douche, les bols dans l'évier, les bouteilles vides, les assiettes sales, le P.A. croule sous les tâches ménagères qu'il a, lui, la chance d'avoir le temps d'effectuer, quand sa journée de travail est terminée.

Il trouve cela injuste, se révolte, considérant qu'il ou elle n'est pas la bonne de tout le monde et que « la maison n'est pas un hôtel ».

Il a raison.

Il se met en grève.

Cela ne change rien, hormis qu'il n'y a plus aucun bol propre dans le placard.

Alors il reprend du service.

Il se trouve nul.

Ce n'est pas très grave : d'ici quelques années, tout rentrera dans l'ordre. À force d'avoir vu son P.A. ranger, nettoyer, astiquer, le jeune homme ou la jeune femme qui habitera peut-être encore la maison en fera autant, quand sera finie la fameuse adolescence…

La tanière

Avant d'être P.A., le parent normalement constitué pouvait ressentir une certaine lassitude face au rituel du coucher : les bisous, une histoire, et puis encore une histoire, et puis encore un bisou. Il lui arrivait parfois de s'endormir avant même d'avoir fini, bien calé contre Trésor qui lui ne s'en lassait pas…

Et puis est venue la période bénie où Trésor partait se coucher tranquillement, lisait tout seul dans son lit, attendant patiemment son « bisou ».

Et puis le moment où s'est affiché « Défense d'entrer ». Cela s'est fait sans bruit.

Le Parent d'Adolescent, pas vraiment familiarisé avec ce nouveau sigle, se sent exclu et a besoin de temps pour apprendre à frapper avant d'entrer. Certains n'y parviennent jamais.

Aussi, bien décidé à marquer son territoire, l'adolescent(e) se donne un mal fou pour multiplier les signes d'exclusion de son P.A. : posters, foutoir, déco, tout est fait pour que ce dernier ne franchisse pas la porte.

Y compris pour faire le ménage.

Effrayé par l'image de toutes les horribles bêtes susceptibles d'envahir ce lieu, puis la maison tout entière, le P.A. est pétrifié.

Il tente de raisonner son adolescent(e), faisant appel aux épidémies historiques et autres catastrophes de l'humanité.

Sans succès.

C'est là que les choses peuvent, ou non, se compliquer.

Le Parent d'Adolescent, soucieux de bien faire et ayant retenu toutes les leçons relatives à la « non-intrusion dans l'espace privé », se retient.

Pas question d'aller faire le ménage.

Encore moins de fouiller, en l'absence du propriétaire.

Le P.A. n'imaginerait pas que son adolescent entre dans sa chambre en son absence…

Quand le Parent d'Adolescent est à peu près tranquille, cela peut s'arrêter là.

Les autres commencent leur carrière de **détective privé** : trouver le moyen d'être à la maison à une heure où son adolescent n'y est pas, renverser sa chambre en remettant tout en place au fur et à mesure et, malgré l'effroi des découvertes, faire disparaître les traces de son passage.

Et garder ensuite la mine fraîche : c'est le plus difficile… entre la culpabilité d'avoir commis le pire des méfaits, l'impossibilité de déclarer sa faute, la conviction que c'était nécessaire, le regret d'avoir lu ce qui n'est plus de son âge, le P.A. meurtri se désole de lui-même et se replie dans sa propre tanière.

Horizon Bac

Dans la mesure où 80 % d'une classe d'âge est concernée par l'obtention du baccalauréat toutes séries confondues, on peut considérer que cette question constitue à part entière un problème de santé publique.

Aussi, bien conscient de sa responsabilité de citoyen, le Parent d'Adolescent, quand il passe la porte du collège pour inscrire Trésor dans le secondaire, signe pour huit ans de bons et loyaux services, aucun P.A. ne pouvant déclarer sereinement : « Son avenir ? Je m'en fiche ! »

Cela commence tout doucement en sixième, quand il s'agit d'être héroïque pour le ou la laisser rentrer seul(e), sans surveillance ni de loin ni de près et sans périr d'inquiétude. Se refaire des amis parmi les autres P.A. demande un ou deux trimestres, le temps de s'habituer aux nouvelles têtes.

Sur le plan scolaire, le programme reste encore accessible.

Cela se corse ensuite, en classe de cinquième : à présent habitué au changement de cadre, le P.A. va devoir affronter les premiers signes du désinvestissement scolaire de son adolescent(e), en général au printemps, soit quand arrive le bulletin du deuxième trimestre.

La quatrième est l'année de tous les dangers : la baisse des résultats est patente, les conflits à la maison se multiplient. Le P.A., qui sait que demain se prépare aujourd'hui, voit poindre à l'horizon une orientation qu'il redoute. Les vitamines sont conseillées, ainsi que la pratique du yoga.

La classe de troisième exacerbe encore son stress : il faut à tout prix se positionner sur la bonne ligne d'arrivée, celle-ci n'étant pas toujours la même pour le P.A., son adolescent(e), et le corps enseignant.

Arrivé au lycée, il ne reste plus que trois ans pour se préparer au grand moment final, dont le contenu déterminera peut-être la qualité de l'avenir, au cœur des préoccupations de chacun. Il n'y a plus une minute à perdre...

Le P.A. va alors devoir admettre qu'il ne s'agit pas de son avenir, mais de celui de son adolescent(e).

Mais le P.A. ne renonce pas aussi aisément. Il met la pression.

Il insiste sur la difficulté de la vie. Sur la crise, le chômage, l'effet de serre, la désespérance.

Comme son adolescent(e) le croit, malgré les apparences, il aura du mal à croire en l'avenir en général, et au sien en particulier...

Le P.A. devrait prendre plus de vacances.

Un peu de repos

Changer de rythme, d'habitudes, se détendre, suivre son envie, dormir, faire du sport, lire, oublier les horaires, le ravitaillement hebdomadaire, les termites, le foutoir, le bruit, les fantômes sont une nécessité pour celui ou celle qui déploie tant d'énergie pendant l'année.

Retrouver sa liberté, son autonomie, son conjoint, ses amis, son désir, la douceur de vivre sans stress est une garantie de repartir ensuite « du bon pied ».

Le P.A. ne rêve que de cela, et c'est bien normal.

Aussi doit-il absolument veiller à bénéficier d'un temps de vacances, c'est-à-dire quelques jours sans son adolescent.

C'est malheureusement rarement le cas, durant les premières années au moins.

Le P.A., dont le jugement est souvent troublé, croit au contraire que partir en famille va être l'occasion d'une trêve, la hache de guerre enfin enterrée dans le sable.

Une fois passé le premier été avec son adolescent de 14 ans « qui n'a pas arrêté de faire la gueule », et conscient que ce dernier a besoin lui aussi d'être avec des amis, il lui proposera l'année suivante d'emmener un ou deux camarades – en espérant secrètement que les parents de ces derniers en feront autant de leur côté : deux mois, c'est long…

Les adolescents en question garderont un merveilleux souvenir de ce second été : nuits sans dormir, sorties sans fin, frigo plein, journées au lit.

Le P.A. généreux, de son côté, se jure que plus jamais il ne recommencera : inquiétude permanente, responsabilité mise à l'épreuve, démultiplication du ravitaillement, impossibilité de refuser quoi que ce soit devant « l'intrus », salle de bains impraticable, angoisse à la moindre sirène, bobologie quotidienne…

Ce n'est guère que pour le troisième été que le P.A. devient raisonnable et déclare forfait, ayant enfin compris qu'il doit admettre l'évidence : son ado et lui ne mènent pas la même vie…

C'est généralement cette année-là que la rentrée est plus douce.

Il ou elle a 16 ans.

Le casque

Nouvel accessoire de la panoplie des adolescent(e)s, le casque au travers duquel est diffusé le « son », quand il ne protège pas sur un deux-roues, est l'équivalent mobile du panneau « Défense d'entrer » accroché à la porte de la chambre.

Le casque présente ainsi de nombreux avantages au regard des conflits sur le niveau sonore de la musique.

Mieux, son port, dès lors qu'il n'est pas permanent, représente un excellent moyen de ne pas devoir partager les goûts musicaux de la jeunesse, insupportables pour le P.A. qui se souvient que, du temps de son adolescence, c'était quand même autre chose !

La musique a toujours été synonyme de la différence de générations, même si certaines sont transgénérationnelles.

Les TIC

Les Technologies de l'Information et de la Communication ont envahi l'univers du P.A.

Si pour certains, se repérer dans cet espace virtuel est relativement aisé, pour d'autres, c'est au contraire une source de chaos : on croise ainsi des P.A. qui ne savent pas éteindre leur téléphone portable et répondent à un appel quel que soit le contexte. D'autres ne parviennent jamais à se déconnecter, craignant de ne pas être au cœur de l'information. D'autres encore, redoutant d'être perdus de vue, multiplient les sources et les écrans.

Les adolescent(e)s, dont il est banal de dire qu'ils sont nés avec les TIC, sont alors une source inestimable de repère, pour peu qu'on leur accorde une vraie place : ils savent par exemple parfaitement ne pas répondre à un appel, si celui-ci les dérange.

Mais le P.A. a du mal à se rendre à l'évidence, et cherche par tous les moyens à avoir de l'avance, quitte à y passer tout son temps libre : dans ce domaine, ce sont les adolescent(e)s qui ont quelque chose à apprendre à leurs aînés... à la condition bien sûr de s'y intéresser, de structurer le temps et l'espace, au fur et à mesure du processus : quand, où, combien de temps ne se déclinent pas de la même façon à 12, 15 et 18 ans, pour les TIC comme pour le reste !

Les discussions sans fin

Le P.A., qui a parfois perdu l'habitude de parler juste pour le plaisir d'échanger et de se connaître, peut se sentir en difficulté quand il réalise que son adolescent(e) adore les discussions sans fin, la philosophie, la psychanalyse, la recherche de sens : la vie, l'amour, la mort…

Revenu de ses illusions, sans pour autant avoir réalisé ses rêves, il a du mal à accorder de l'importance aux propos idéalistes qu'il a lui-même tenus il y a longtemps, et s'arc-boute sur le réel, comme le travail scolaire.

Le P.A. devrait avoir plus d'indulgence pour lui-même, et s'accorder encore du plaisir à la discussion sans fin avec son adolescent(e) : il n'y a pas d'âge pour s'enflammer…

Souriez, il ou elle prend son envol

Souriez comme vous avez souri le jour où vous avez appris que vous alliez devenir parent, ou le jour où vous avez vu Trésor « en vrai ».

Souriez parce que ni la grossesse ni l'adolescence ne sont des maladies : si l'une et l'autre ont en commun de présenter quelques risques, l'une et l'autre ont aussi en commun d'être un réservoir de promesses, de découvertes, de rires, d'éveils, de surprises, d'émotions et autres intranquillités essentielles.

Et puis surtout, l'une ne va pas sans l'autre… autant le savoir, et aborder avec le sourire la crise du milieu de la vie !

Pour être cependant tout à fait juste, une différence de taille existe entre la grossesse et l'adolescence : la durée. Neuf mois dans un cas, plusieurs années dans l'autre, voire sans date de péremption : les « Tanguy », ni attardés, ni assistés, ni insouciants sont au contraire des jeunes gens et jeunes filles parfaitement matures et en bonne santé, bien conscients de ce que leur offre « la maison » et qu'un salaire de début de carrière ne leur permettrait pas d'avoir…

Souriez et rassurez-vous : ils finiront bien par voler de leurs propres ailes.

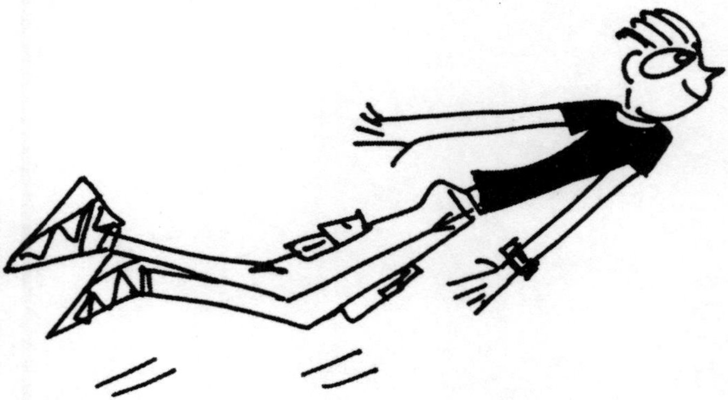

Et pour en savoir davantage sur les adolescents :

– Collectif, *Cultures adolescentes, entre turbulence et construction de soi*, Autrement, coll. « Mutations », n°247, 2008.

– Marie-Rose Moro, *Les ados expliqués à leurs parents*, Bayard, 2010.

– Philippe Jeammet, *Pour nos ados, soyons adultes*, Odile Jacob, 2010.

– Association « je.tu.il... » : *Cet autre que moi : un regard sur l'adolescence*, documentaire, sur commande : www.jetuil.asso.fr

Vos meilleurs souvenirs d'adolescence

....

....

....

....

....

....

....

....

....

....

....

....

....

Vos pires souvenirs d'adolescence

....

....

....

....

....

....

....

....

....

....

....

....

....

Table des matières

À quoi reconnaît-on un Parent d'Adolescent ? 9

1. Avis de recherche 15

À la recherche de l'enfant perdu 18
Les troubles les plus fréquents du P.A. 21
À la recherche du parent perdu 32

2. À qui la faute ? 51

L'épreuve du corps 57
L'épreuve du câlin 60
Dix ans plus tôt 61
Le Parent d'Adolescent et la sexualité 67

3. La vie quotidienne du parent au temps de l'adolescence 79

La première fois 82
À table ! 84
Les termites 87
Les chaussettes orphelines 90
La permission de minuit 91
Le look 92

C'est mon tour. 93
Le ménage 97
La tanière 98
Horizon bac. 101
Un peu de repos 102
Le casque. 104
Les TIC 105
Les discussions sans fin 107

Souriez, il ou elle prend son envol 109

Et pour en savoir davantage sur les adolescents 115

Vos meilleurs souvenirs d'adolescence 116

Vos pires souvenirs d'adolescence. 118

FLEUVE NOIR
12, avenue d'Italie
75627 PARIS – CEDEX 13

Cet ouvrage a été achevé d'imprimer en mars 2012
dans les ateliers de Normandie Roto Impression s.a.s.
61250 Lonrai
N° d'impression : 12-1187
Dépôt légal avril 2012
Imprimé en France